Xhemë KARADAKU

TRIMI MË I MADH NË BOTË

Biblioteka
Kodra e Luleve

Radaktor i botimit
Fran Ukcama

Redaktore gjuhësore
Lumnie Thaçi-Halili

Ballina
Uran S. Bahtijari

© Autori & URA, 2014

Xhemë KARADAKU

TRIMI MË I MADH NË BOTË

Vjersha dhe tregime për fëmijë

Botimi i dytë

Prishtinë
2014

KOKRRAT E VOGLA...

Njëherë një poet
    mburrej pa meritë
-Nga dhjetë vjersha
    i shkruaj në ditë.

Fjalët e gjyshit
    më erdhën në kokë
-Mos fluturo qiellit
    -po ec përtokë.

-Dhjetë vjersha
    janë shumë e di
por dhjetë strofë
    i shkruaj me siguri.

Sërish m'u kujtua
    gjyshmiri plak
-Bishtin dhelprës
    shkurtoja edhe pak!

-Vargje të reja
    po s'i stisa dhjetë
a ka kuptim
    të shkruhet, vërtetë?

Në vend të gjyshit
    s'u bëra rehat
-Jepi vëllaçko
    kosës më ngat.

-Dhjetë fjalë n'ditë
    o i radhis miq
O e lë lapsin
    e nuk shkruaj hiç.

Sa fort u lodha
    nga zhurma e dokrrat
-Pema që lidh shumë,
    t'vogla i lë kokrrat!

TINËZAKU

Hedh gurin
    dorën fsheh
Yjet natën
    kur i sheh

Ecën e pret
    nëpër pyll
por s'fiket
    asnjë yll.

Gur i nisur
    si shigjetë
nuk arrin
    as te retë.

Befas puna
    i merr ters
E lodh rruga
    n'Univers.

Prapa e kthen
    Toka n'pyje
-Nuk ka lojë
    me ato yje!

Dorë tinëzaku
    vesh nuk merr
do që nata
    t'jetë veç terr.

Vazhdon punën
    ky herifi
punë të mbrapsht
    prej Sizifi.

Gjersa një ditë
   Nëna Tokë
nuk ia kthen
   gurin n'kokë.

RREZJA E PARË

Sapo ikën nata
    agsholi po gdhin
telefonit gati
    telat iu shkrin.

Ylber dashurie
    kapërcen brigjet
në anën tjetër
    vasha përgjigjet.

I dridhet zemra
    lule n'kurorë
- Alo, alo shpirt
    pse në këtë orë?

Gurgullon djali
 sikur ujëvarë
- Për ty a s'jam
 rrezja e parë?

NIPI E GJYSHI

Mos thuaj gjysh jam plak
    më mirë thuaj jam i ri
dalim verës në Karadak
    e shetisim n'atë Malësi.

Bisedojmë me gurë e lisa
    për do burra për do plisa
e pushojmë pak te mrizi
    aty ku e kalli xha Idrizi.

E i fusim gishtat n'gojë
    nisim valle e nisim lojë
dridhet bjeshka si dikur
    me gjithë lisa e me gurë.

Po the o gjysh jam plak
    njëqind arsye ti i gjen
nuk dalim tok në Karadak
    e Karadaku këtu nuk vjen.

METAMORFOZË

Kur martohesh
    ndërron emër
bëhesh loçkë
    bëhesh zemër.

Yll i natës
    bëhesh shpesh
një bilbil
    këndon n'vesh.

Hop u bëre
    vetë i tretë
e di ç'bëhesh
    në të vërtetë.

S'të kujtohet
    thua kurrë
-Më shumë grua
    më pak burrë!

Kur ky i treti
    i bën tri vjet
me ty vallë
    e di çka ngjet?

Është lehtë
    janë dy fjalë
s'je më burrë
    tash je kalë.

DHJETË VETË NË ÇIKLETË

Një djalosh
   më zënë sytë
në çikletë
   vetë i dytë.

Ecën rrugës
   jo fort larg
ia bëj me dorë
   të ndalet pak.

Frenon lehtë
   afër ndalet
përzemërsisht
   me mua falet.

-Or djalosh
  o krahë lehtë
a më merr
  në biçikletë?

-Oh, jo xhaxhi
  besa më fal
i rrudh supet
  i miri djalë.

Në dyrrotëshe
  tre vetë
tepër është
  me të vërtetë

-S'bëhemi shumë
  peshoj pak
shihma mjekrën
  unë jam plak!

-Jo, jo s'bën
    ma kthen tjetri
po të jesh
    vetë Shën Pjetri.

-Në rregull
    more trim
a e merrni
    librin tim?

Zihen ngusht
    nuk bëjnë zë.
librin në dorë
    vetë ua lë.

-Faleminderit,
    -Tungjatjeta!
Me të shpejtë
    ikën çikleta.

Në dyrrotëshe
   s'janë dy vetë
me personazhe
   bëhen dhjetë!

PORTRET I ÇUDITSHËM

E njoh unë
    Një djalosh
Më i keqi
    Bukurosh.

Është i madh
    Sa një gogël
Sa qielli
    Është i vogël.

Kur hesht
    Ky llafazan
T'ushton koka
    Si tupan.

Kokëngritur
   Si këndez
E vë botën
   Në mat potez!

Turp i vjen
   Nga çokollata
I mbyll sytë
   -U bë nata.

Kur i hap
   Në këtë lojë
Çokollatë
   S'ka në gojë

Me një frymë
   E kapërdin
Pastaj ulet
   Mbi tavolinë.

Ultimatum
    Vë në letër
-Shpejt e dua
    Dhe një tjetër.

Kështu dita
    Ik pa sherr
Vjen mbrëmja
    Mbushur terr.

Nga frika
    Ai krekoset
Mirë e mirë
    Armatoset.

I nis togjet
    Rend e rend
Kund muzgut
    S'i lë vend.

Mbretërinë
    Desh ia kall
Hop gjumi
    Në qepallë.

Oh sa Trim
    Ky frikacaku
Lum shtëpia
    Lum Karadaku.

Shkon e vjen
    Nëpër beteja
Vret e pret
    Si rrufeja.

Humbës del
    Në çdo arenë
Hero shpallet
    Për mëmëdhenë.

Nga mesnata
　　Deri n'mëngjes
Njëqind ëndrra
　　I sheh ekspres!

TEPËR KAFE
PASKAM PIRË

Më kanë dalë
    Mjekër e mustaqe
S'më kanë mbetur
    Dy gisht faqe.

Për këtë gjë
    As babi as dajët
I kam vetë unë
    Të gjitha fajet.

Pija i vogël
    Kafe me tas
Në vend mjalte
    Baltën rras.

Mos! Ma bënin
    Shpesh me gisht
S'i zura punët
    Seriozisht!

Kur u rrita
    Dikur i madh
Më doli mjekra
    Sikur livadh.

Ca gërshërë
    I mora shpejt
E kam hequr
    Mjekrën krejt.

Nuk ka shkuar
    as një muaj
Sërish mjekra
    -Sa një duaj.

Tash e kuptova
　　Fare mirë
Sa tepër kafe
　　Paskam pirë.

NIP ILIRËSH KY DETAR

Varur gjumi në qepallë
 kalavesh i kuq qershie
dhoma bëhet det me valë
 shtrati i butë - anije.

I sillet botës vërdallë
 Ky zgalem përmes tufani
po të ishte sot gjallë
 do ta lakmonte Magelani.

Nuk e ndal asnjë mynxyrë
 Oh sa trim kolopuçi
Një kontinent ka mësyrë
 Siç bëri dikur Vespuçi.

Nip ilirësh ky detar
    lundrimi aspak s'e lodh
Ta zbulojë Atlantidën
    një natë mund të ndodhë.

NË LOJË

-Ju qeshin sytë
  Me gjithë gojë
A mund të hyj
  Me ju në lojë?

-Ç'do or plep
  Me ne n'livadh
A nuk e sheh
  Sa je i madh?

-Në ju dukem
  Dre me brirë
E luaj lojën
  Kështu shtrirë.

Rashë përmbys
    Në lëndinë
Më hipën fëmijët
    Rend në shpinë.

Sa fort loja
    Po u pëlqen
Më bënë anije
    Më bënë tren!

Hop teposhtë
    Hop përpjetë
Desh më bënë
    Edhe raketë.

Dikur nga loja
    Desha të dal
Më thanë prerë
    -Këtu ndal!

-Mbahu, thashë,
 Or babagjysh
Vetë kërkove
 N'lojë të hysh.

NJË XHEPAGRISUR

Një ditë Arta
    Kur s'e priti
Lazdrani lapsin
    Ia grabiti.

-Lazdran, lapsin
    Shpejt ma jep!
-Fute dorën vetë
    Merre në xhep.

Mundi Artës
    I shkon kot
S'e gjen lapsin
    Në xhep dot.

-S'thashë këtu,
    N'xhepin tjetër!
I ndërron fjalët
    Lazdrani dhelpër.

Dhe rri gatitu
    Sikur një plep
Kërkon Arta
    N'tjetrin xhep.

Qeshet Lazdrani
    Përplot shaka
As në atë xhep
    Lapsin s'e ka.

E ngucë Artën
    Vetullngrysur
-Ku mbajnë laps
    Xhepat e grisur?

DASHURI E PAFAT

Thotë legjenda
 Moti njëherë
Seç u shfaq
 Një y l b e r !

Vigan qielli
 Përmbi bjeshkë
I digjej nga etja
 Zemra-eshkë...

Nga lartësitë
 Hop u lëshua
Si shqiponjë
 Te një krua.

Një e Bukur
    Doli nga Dheu
Me sytë zjarr
    Seç e dehu.

Ndrydhi veten
    Ky trupvigan
Në gushë asaj
    Iu var gjerdan.

Vashës zemra
    Iu rrit-kodër.
Eh, ç'e preku
    Me gisht t'vogël.

Legjenda thotë
    Edhe ca fjalë
-Pastaj vasha
    U bë djalë...!

MYSAFIRËT E MIRË

Xha Emili vetëm edhe kravatën duhej pakëz ta rregullonte dhe pastaj me çunin përdore do të dilnin qytetit për të shetitur. Do të shkonin deri në periferi, atje ku rrjedh një krua magjik...

Mirëpo cingëroi zili dhe kur u hap dera aty u dukën dy mysafirë që po vinin për herë të parë...

-Mirë se erdhët!- u tha ai nga zemra
-Mirë se ju gjetëm! - folën ata

Çuni u vrenjt në fytyrë. Ishte hera e parë ndoshta që po i ngjante një gjë e tillë. Pastaj iu afrua babit te veshi e i tha me zë të vogël:

-Ku mbeti shetitja tash?
Mysafirët nuk e merrnin me mend dot se ç'mund të flisnin babë e bir:
-Mos ke dert ne do të dalim pasi të shkojnë mysafirët.
Çuni largohet. Del në oborr. Sa kohë e bukur, mendon. E parafytyron kroin. Ia dëgjon gurgullimën. I kujtohen përrallat që babai i kishte treguar shumë herë për të. Nuk durohet. Hyn brenda. Mysafirët tashmë po pinin kafe.
I afrohet sërish babit te veshi:
-Këta do të rrinë shumë gjatë!
-Jo nuk do të rrinë, mos ke dert, janë mysafirë të mirë !
I gëzuar nis të shëtisë nëpër dhomë. Fërshëllen sikur të ishte në mes të pyllit te gjyshi në fshat.
Njëri nga mysafirët i flet:
-Oh çfarë djali, ditka të fishkëllojë!
Tjetri e pyet:

-A je djalë i mirë apo jo?
-Po,unë jam i mirë dhe bukurosh!
Pastaj sillet njëherë rreth e rrotull tavolinave në dhomë. Diçka bluan në mendje.
Si një rrufe nxjerr fjalët:
-E ju, a jeni mysafirë të mirë?
Ata të habitur shikohen mes vete:
-Po, jemi shumë të mirë, përgjigjen njëzëri.
-Urra, urra, bërtet i gëzuar dhe del të luajë edhe pak me moshatarët e vet!

DHELPRA E QYTETIT

Xha Emili u kthye nga qyteti.
Sapo hyri i tha gruas:
-Jam lodhur. Çfarë tollovie në treg...
Mandej së bashku nga vetura nxorën disa pula cullake, të cilat i kishte blerë për t'i futur në frigorifer.
Çunit iu dukën shumë interesante.
Nisi të bënte krahasime mes pulave të gjyshit në fshat:
-Pulat e gjyshit më të mira. Ato bëjnë ve!
-Edhe këto bëjnë ve, eja shiko.
Xha Emili e merr çunin përdore, hap derën e frigoriferit të vogël dhe ia tregon vezët.
Çuni habitet. Sillet rreth e rrotull.

Pastaj flet:

-Pulat e gjyshit, dalin deri te mali për të kullotur, këto nuk lëvizin vendi.

-Këto janë më të urta, ato dalin larg shtëpisë, por i gjen e keqja: dhelpra që rri fshehur në kaçuba i sulmon

Çuni mundohet të përfytyrojë këtë ngjarje. I vjen keq. Pyet:

-Këtu në qytet a ka dhelpër?

-Jo, këtu nuk ka fare

Duke rrudhur vetullat ik. Del në oborr. E thërrasin shokët për të lozur...

Të nesërmen shkon me mamin te dajët në Prizren. Atje rri një javë.

Ndërkohë kishte pasur prishje të rrymës disa ditë me radhë. Edhe kur vinte ishte aq e dobët sa që dritat mezi dukeshin si një xhixhë. Nuk punonte gati asnjë pajisje në shtëpi. Xha Emili tejet i zënë me punë, as që e kishte vënë re se as frigoriferët nuk ftohnin. Një ditë rastësisht i vërejti. Mirëpo, tashmë ishte bërë vonë. Kështu u prishën të gjitha zarzavatet, kuptohet dhe pulat, që gjendeshin aty. U detyrua t'i hidhte të gjitha.

Kur u bë një javë, çuni erdhi në shtëpi. Te dajët ishte kënaqur duke lozur me fëmijë të tjerë. Atje poashtu sikur te gjyshi në fshat kishin disa pula e pata, me të cilat shpeshherë kishte lozur. Dajëve u kishte treguar për pulat e babait...

Sapo hyri në shtëpi, shkoi drejt e te frigoriferi. Mezi e hapi derën e tij të rëndë. Kur e çeli u befasua. Ishte i tëri i zbrazët. E la kapakun të hapur. Turr e te xha Emili. I bërtiti:

-Babi, dhelpra e qytetit i paska ngrënë të gjitha pulat, asnjë nuk e paska lënë në frigorifer?!

Xha Emili buzëqeshi. Pastaj i thelluar në mendime e përqafoi fort djalin e tij të vockël.

"JASHTËTOKËSORI"

-Grua, - tha Xha Emili, - ku më mbeti shkrepësja?
-Nuk e di, - u gjegj ajo.
Burrë e grua nuk lanë vend pa e kërkuar nëpër dhomë. Më kot lëvizën fotelet dhe orenditë tjera.
-Mos e ke në xhepa? - dikur e pyeti gruaja
-Jo more, unë nuk ka një minutë që e pata këtu. Derisa ti i fërgoje qepët, unë isha koncentruar duke lexuar në gazetë një artikull për qeniet jashtëtokësore.
-Pastaj...?
-Sapo mbarova artikullin, kur shoh shkrepësja nuk është.

-...?!

Atë ditë humbja e shkrepëses mbeti enigmë për Xha Emilin dhe gruan e tij. Sytë u shkuan te Ermali i vogël, i cili po flinte afër. Të dy rrudhën supet. Megjithatë u bënë se nuk i jepnin shumë rëndësi kësaj pune.

Mirëpo kur disa ditë me radhë nisi të ngjante e njëjta gjë, Xha Emili u bë merak shumë. Kush mund të jetë vallë, pyeste veten?! Madje kishte ndonjë natë që shihte edhe ëndërr se si dikush tinëz ia vidhte shkrepësen, madje edhe pakon e cigareve. Pastaj i dilte gjumi. Dhe, vërtet kur shikonte, shkrepësja nuk është, ndonjëherë edhe cigaret i mungonin... Madje një natë në ëndërr, sikur i tha dikush: lëre duhanin, e sheh si të humb shkrepësja, e sheh si të humbin cigaret, shporrju duhanit, shporrju duhanit, se do t'ia shohësh sherrin! Nuk e kuptonte nga i vinte ai zë. I dukej tepër misterioz. Për këtë nuk i tregoi askujt...

Një ditë papritmas i tha gruas:
-Kam vendosur ta lë duhanin, edhe ashtu po më bën dëm shumë. Tash më dolën telashe edhe me këto gjëra...
Gruaja pohoi me kokë. Nuk dinte ç't'i thoshte. E dinte se e kishte vështirë ta linte. Disa herë kishte provuar, por pa sukses.Nuk shkonte as një muaj dhe sërish ia fillonte.
-Nëse ke vendosur ta lësh, bëj si burrat, jo si herave tjera: lë një kohë-fillo, pastaj prapë lë një kohë-fillo sërish.
-...?!
Shkrimet për qeniet jashtëtokësore kishin filluar t'i interesonin edhe më shumë. Dëshironte të dinte se a ishte në interesin e tyre një gjë e tillë? Megjithatë, askund nuk mund të haste se qeniet jashtëtokësore mund të bënin diçka të ngjashme. Sa më shumë kalonin ditët, aq më shumë urrejtja ndaj duhanit i shtohej,

i dukej si diçka që mund sillte kob në shtëpinë e tij...
   Ermali i vogël rrinte indiferent ndaj kësaj gjëje. Ndonjëherë i shtronte pyetje për qeniet jashtëtokësore, si për shembull: prej cilit planet vijnë, me çka vijnë, pse bëjnë gjëra të tilla? Ai bënte edhe shumë pyetje të tjera të cilave xha Emili as përafërsisht nuk mund t'u jipte përgjigje të saktë. Dhe vërtet kur zihej ngusht ia kthente:
   -I vogël je ti me pesë vjetët tua të kuptosh për jashtëtokësorët. Kur të rritesh ndoshta i kupton gjërat më mirë...
   Kështu i përgjigjej djaloshit të vogël edhepse në të vërtetë as vetë nuk e kishte të qartë se ç'ishte puna e tyre. Ata qenkan më interesantë se ne: i vidhkan shkrepëset dhe cigaret. Çudi, mendonte!
   Kishte kaluar një vit e më tepër. Xha Emili lëre që nuk e pinte duhanin vetë, por edhe i pengonte kur të tjerët tymosnin

përskaj. Nuk e merrte me mend se si do të dukej me cigare në gojë. I vinte trishtim.

-Po të vazhdoja edhe më me cigare do të mbaroja, - mendonte me vete, - tash as kollitje nuk kam, as nuk më zihet fryma, as nuk kundërmoj rëndë si më parë. Megjithatë për një çast u tret në mendime. Iu kujtuan jashtëtokësorët...

Ermali, i cili rrinte jo larg tij sikur e hetoi se ç'mendonte.

E pyeti:

-A është e vërtetë se jashtëtokësorët janë të vegjël kështu sikur unë?

-Nuk e di, askund nuk kam lexuar për këtë gjë. Mund të jetë, por s'e besoj. Vetëm kam lexuar se janë shumë inteligjentë!

Ermali buzëqeshi.

-Kështu sikur unë, apo jo?, - tha.

Pastaj nga një qese e vogël nxori të gjitha shkrepëset dhe pakot e cigareve të "humbura". Ia derdhi përpara në tavolinëz.

Xha Emili u habit.

-Këtë e paska bërë Ermali, -mendoi.

Nuk u besonte syve të vet. Vrapthi doli në kopësht të ftonte gruan. Edhe ajo u habit. Nuk mund të besonte. I dukej ëndërr.

Pastaj, duke e përqafuar fort, si me një zë i thanë:

-Jashtëtokësori i babit!

-Jashtëtokësori i nënës!

BABI NUK PO RRITET...

Xha Emili çdo ditë zgjohet herët për të shkuar në punë. Mirëpo, nuk i vjen mërzi aspak. Sa çel e mbyll sytë kthjellet, vesh rrobat, pastron fytyrën e dhëmbët, puth gruan, e cila i ndihmon të bëhet gati dhe dy fëmijët e tij lazdranë Çunin e Cucën, të cilët ende flenë. Pastaj del lehtë për të mos ua trazuar ëndrrat në qepalla vogëlushëve të tij.

Një ditë, pasi doli nga dhoma dhe mbylli derën bëri një gjest të pazakontë: afroi veshin te dera të përgjonte Çunin, i cili tashmë ishte zgjuar dhe bluante si "çakalla e mullirit":

Çuni: mami, pse babi po zgjohet kaq herët?

Mami: të shkojë në punë.

Çuni: pse nuk shkon në punë më vonë?

Mami: po shkoi më vonë, punët do t'i mbeten prapa.

Çuni: pse babi duhet të punojë përditë?

Mami: sepse pa punë nuk bën. Po nuk punoi, me se t'ju blejë juve çokollata?

Çuni: ne mund të rrimë pa çokollata.

Mami: por nuk janë vetëm çokollatat, duhet shumëçka tjetër...

Çuni: mami, mami,..., babi po më dhimbset shumë.

Mami: (e habitur) pse po të dhimbset shumë?

Çuni: Babi nuk po rritet hiç.! Ju a na keni thënë se gjumi është i mirë, ai rrit njeriun?!

Mami: Gjumi i rrit fëmijët.

Çuni: (e shikon mamin shtatzanë e cila është fryrë) E ty mami e sheh si po të rrit gjumi?!

Mami: Djaloshi i nënës!.

Xha Emili mbetet i habitur. Vrapthi niset për në punë i frikësuar se mund të vonohej. As që e kishte marrë me mend se do të dëgjonte një dialog të tillë. Me vete duke buzëqeshur, tha "Vogëlushi im i mirë, kur të rritesh do ta kuptosh se sa më pak të flejë babi, mami rritet më shumë".

TRIMI MË I MADH NË BOTË

Na ishte njëherë një baba, i cili kishte një djalë. Djali e kishte emrin Lazdran. Dy gurë bashkë nuk i linte. Gjithnjë kacafytej me babin e tij. Mirëpo, ai e donte shumë Lazdranin. Një ditë prej ditësh, babi si në shaka i tha:

-Lehtë e ke me mua or bir, do ta takosh në jetë një njeri, i cili do të bie shuplakë dhe nuk do të kesh ç't'i bësh?! Do të të hip në shpinë e do ta ngjes për flokë dhe sërish nuk do të kesh ç't'i bësh! Do të rrëzojë në kokërr të shpinës e do t'i fusë gishtat në bira të hundës e përsëri nuk do të kesh ç't'i bësh! Ai është trimi më i madh në botë...

Lazdrani e dëgjoi me vëmendje. Pastaj plot krenari, ia ktheu:

-Unë nuk do të guxoj t'i bëj asgjë?. Nuk është e vërtetë. More vetëm po më shikoi shtrembër do t'ia thyej hundët, do t'i bie grusht në nofull e do të shqelmoj si një top.

Hajt, hajt kaloi një kohë bukur e gjatë dhe Lazdrani gjithnjë e më shumë e lodhte kokën se si mund të ishte trimi më i madh në botë, për të cilin i kishte folur babai, andaj vazhdimisht i thoshte atij se ku ishte ai trim që do t'i binte shuplakë, e që do t'i hipte në shpinë, e që do ta rrëzonte në kokërr të shpinës, e ky nuk do të guxonte t'i bënte asgjë?!

Babi gjithnjë i përgjigjej njësoj: Vjen dita e do ta takosh. Ndoshta unë mund të mos jem mbi dhe, por ti nëse je shëndoshë e mirë do ta takosh një ditë.

Kaloi një kohë bukur e gjatë.

Lazdrani u rrit e u bë burrë. Pastaj edhe u martua. Nusja e tij ishte si një zanë mali për nga bukuria. Ishte edhe e zonja.

Pas një vit martese u lindi një djalë i shëndoshë si molla sa që u gëzuan edhe lulet në kopsht e zogjtë në degë. Gëzimi i prindërve ishte aq i madh sa që nuk mund të përshkruhet me fjalë. Kjo kuptohet. E pakëzuan Astrit.

Astriti nisi ngadalë të rritej. Ishte një fëmijë shumë i gjallë. Një ditë u nervozua aq shumë sa që ngriti dorën e i ra shuplakë Lazdranit. Lazdrani u mërrol, ngriti dorën, por kujt t'i binte - një foshnjeje...?!

Kalonin ditë e muaj dhe Astriti gjithnjë e më shumë nuk i linte dy gurë bashkë. Të gjithë thoshin: krejt si babi i vet. Një ditë papritmas i hipi Lazdranit në shpinë e ia ngjiti për flokë. Ai u nervikos e deshi ta hidhte tej, po kënd se - një fëmijë?!

Një ditë kur tashmë Astriti i kishte bërë tri vjet, iu kishte hedhur Lazdranit në gjoks kur ai po rrinte shlirë, e kishte rrëzuar në kokërr të shpinës e ia kishte futur gishtat në bira të hundës. Atëherë Lazdranit iu mbushën sytë lot. Si në ëndërr iu kujtuan fjalët e babait që ia kishte rrëfyer në fëmijëri:

-...do ta takosh në jetë një njeri i cili do të të bie shuplakë dhe nuk do të kesh ç't'i bësh. Do të hip në shpinë e do ta ngjes për flokë dhe sërish nuk do të kesh ç't'i bësh. Do të rrëzojë në kokërr të shpinës e do t'i fusë gishtat në bira të hundës e përsëri nuk do të kesh ç't'i bësh...

Pastaj e përqafoi Astritin dhe e puthi në të dy faqet. -Ja trimi më i madh në botë! - mendoi.

PËRRALLË E RRALLË

Një ditë Xha Emili i tregoi Çunit përrallën më interesante në botë. Një përrallë të rrallë, me yll në ballë. Dëshironi të dini cila ishte ajo? Atëherë lexojeni deri në fund dhe mësojeni:

Nga shtëpia një djalosh doli një mëngjes, pas Përrallës do të nisem tha, s'kam ç'pres. Gjyshi i pat thënë sa ishte gjallë, lumi i Karadakut është i rrallë, në Burimin e tij po arrite të shkosh, si lind Përralla do të mësosh. Dielli me rreze po lindte në Karadak - Mos e ndal hapin o çuni Urtak.

Livadhit të Gjerë me një hap zbriti,

në Bregun e Madh u ndal e bërtiti - Oj Përrallë, oj Përrallë, një mizë hutoi fluturimin e i ra në ballë, befasi e rrallë! Ti je Përralla, - i tha, - fol de e mos qesh, asaj iu shtua nervoza, e i tha në vesh - Ti qenke sylesh! I çuditur nga kjo befasi, vazhdoi rrugën pak me huti, por një forcë i erdhi në vend, kur i ra gjyshi ndërmend -Për ta gjetur Përrallën duhet mund, andaj nga qëllimi kurrë mos u tund!

    Lumi rridhte plot gurgullimë, Urtaku në zemër ndiente një drithërimë - Vallë kur të arrij te Burimi, mos më zë farë trishtimi? Duke ecur pa bërë fjalë, pa një peshk nëpër valë, atëherë kujtoi se Përrallën gjeti dhe peshkun e përshëndeti -O peshk, o krahëfletë, a je Përrallë, apo peshk i vërtetë, nëse je ti ndonjë Përrallë, dil e rri me mua në zallë! Peshku u nervozua shumë dhe treti dikah në lumë.

Prit e prit por peshku s'doli, nisi rrugën kah cikoli - Shtatë bjeshkë e shtatë lugje, - tha, - do t'i kaloj, te Burimi gjallë o vdekur do të shkoj!

Bregores ecte i thelluar në mendime -Diell ku je o zemra ime, ndriçoma rrugën, shtegun çelma, Përrallën, të rrallën si në guacë mshelma. Jam unë, djalosh Urtaku, nga një fshat Karadaku, po s'e gjeta Përrallën sot, vend në fshat s'më mbetet dot, do t'më vënë në tela t'sharkisë, këngë humori për mua do të nisë...

Pas Bregores rruga e çonte nëpër një zabel, kur hop pa një dhelpër e një gjel. Gjel e dhelpër kokë më kokë, ishin bërë më të mirët shokë. U habit desh mbeti pa mend dhe nga gëzimi bërtiti në vend -A jam mirë, apo mos po gaboj, jeni ju Përralla që unë kërkoj?!

Gjeli me "kikiriku", tha - Mos fol kopalla të të qeshë tërë mëhalla.

Urtaku mbeti kokën lëvarë, i hidhëruar si kurrë më parë, por në zemër i gjallonte besimi, se do të arrinte te Burimi...

Nata afrohej, pylli shpeshtohej, Burimi ishte larg, të papriturat vinin varg. Kjo ditë iu duk shumë e gjatë, por tash ç'të bënte që ishte natë. Në këtë pyll s'pipëtin njeri, po bëri e doli ndonjë ari? Mendonte me vete i mërzitur, kur një gurgullimë u dëgjua papritur. Fërkoi sytë: befasi e rrallë, Burimi rridhte i gjallë. Te Ama një Vashë priste, Hëna me rreze flokët ia ndriste. Ç'e shitoi me ata sy të bukur, krahëhapur i erdhi si flutur.

-A je Përrallë, a mos je Muzë? Asaj buzëqeshja iu duk në buzë - Ç'flet kështu, ç'janë këto fjalë, unë jotja do të jem or djalë...! Si në ëndërr me Vashmirën përdore, u nis sërish për në Bregore. Zemra e pikëlluar rrinte, goja mbyllur

s'pipëtinte, si të kthehet tash në katund
-Nusja e mirë, po Përralla askund!?

Në hyrje të fshatit te Lisat e Gjatë, një plak mezi shihej në natë, ishte i hajthëm në faqe, si gjyshi kishte mjekër e mustaqe. Eni, eni, me dorë i ftoi dhe nga zemra i uroi: Kurrë s'kam parë këso çifti të rrallë, do t'ju tregoj një përrallë -Na ishte njëherë një djalë, në zemër kishte një mall, te Burimi i lumit u nis të shkojë, si lind Përralla të mësojë, atje takoi një vashë të re, më e mira nuse mbi këtë dhe. Djalit puna iu duk kot, si lind Përralla s'e mësoi dot. Në rrugë i tha një plak thinjosh: Përrallë të re linde Djalosh...!

Urtaku nga gëzimi kërceu, veten të lumtur e ndjeu, për një gjë u bind, se me vepër Përralla lind, se me punë u mbillka çdo legjendë, ashtu siç mbillet fara me parmendë.

PËRMBAJTJA:

Kokrrat e vogla 5
Tinëzaku 8
Rrezja e parë 11
Nipi e gjyshi 13
Metamorfozë 15
Dhjetë vetë në çikletë 17
Portret i çuditshëm 21
Tepër kafe paskam pirë 26
Nip ilirësh ky detar 29
Në lojë 31
Një xhepagrisur 34
Dashuri e pafat 36
Mysafirët e mirë 39
Dhelpra e qytetit 42
Jashtëtokësori 45
Babi nuk po rritet 51
Trimi më i madh në botë 54
Përrallë e rrallë 58

Xhemë KARADAKU

TRIMI MË I MADH NË BOTË

Vjersha dhe tregime për fëmijë

Tirazhi
500 copë

Përgatitja kompjuterike
URA*design*

Shtypi
Trend

Katalogimi në botim (CIP)
Biblioteka Kombëtare e Kosovës
"Pjetër Bogdani"

821.18-93-1
821.18-93-32

Karadaku, Xhemë
  Trimi më i madh në botë : vjersha dhe tregime për fëmijë / Xhemë Karadaku. - Botimi i dytë. – Prishtinë : Ura, 2014. – 63 f. ; 21 cm. - (Biblioteka Kodra e Luleve)

ISBN 978-9951-512-62-6

www.ingramcontent.com/pod-product-compliance
Lightning Source LLC
LaVergne TN
LVHW030344070526
838199LV00067B/6447